애꿎은 너만 탓하네

대구과학고등학교 시집

애꽃은 너만 탓하네

만인사

|책을 펴내며|

과학적 창의력과 상상력의 시

"거기 학생들 공부 잘하고 똑똑한 학생들 아니에요?"

2014년부터 대구과학고에 발령을 받고 근무하기 전만 해도 저 역시 그런 생각을 하고 있었습니다. 하지만 국어 교사로서 이곳에서 근무하게 되니 과학을 중점적으로 공부하는 학생들을 데리고 국어 수업을 한다는 사실이 막막하기도 했고, '과연 국어에 관심이 있을까?' 하는 의문도 가지게 되었습니다. 학생들 역시 '국어'하면 잘 못하는 과목, 어려운 과목, 지루한 과목이라는 생각을 하는 경우가 많았습니다.

그러나 한 학기 정도 학생들과 함께 수업하다 보니 이 학생들이 가지고 있는 과학적 창의력과 상상력이 바로 시의 기반이 된다는 사실을 알게 되었습니다. 학생들은 SNS 시인으로 유명한 하상욱 시인의 짧은 시들을 좋아했고, 시 쓰는 것이 어려운 일이 아니라 창의적 발상에서 비롯된다는 사실을 알게 되면서 짧은 시 쓰기에 도전하게 되었습니다. 주변 사물에 대한 관찰과 그에 대한 사색을 담은 권용희 군의 「네가 참 고맙다」, 하상욱 시인의 시처럼 짧은 내용을 먼저 읽고 제목을 상상한 후 비교해 보는 반전의 즐거움이 있는 신지원 양의 「너와

나 사이」 등이 그러한 시도의 결과물입니다.

 제가 이 학교에서 지내면서 깨달은 또 한 가지는 이 학생들이 과학자이기 전에 열일곱 살의 고등학생이고, 대한민국에서 살아가는 청소년이라는 사실이었습니다. 이성민 군의 「대곽에 뜨는 별」에 실린 어머니, 할머니, 누나, 동생, 친구 등에 대한 이야기, 잠 많은 고등학생 이야기, 이웃 할머니에 대한 이야기 등은 읽는 이들 누구나 공감할 수 있는 따뜻함으로 전해 옵니다. 이동관 군의 「누나방 모기」 역시 고등학생이 겪는 고민과 세상을 바라보는 자신만의 독특한 관점을 담고 있는 시입니다.

 이번에 공동시집을 내게 된 네 명의 학생들뿐 아니라 대구과학고 1학년 학생 97명이 1인 1책쓰기에 참여했고, 그 결과물을 '2014 전국 책 축제'에 전시하여 방문객들의 큰 호응을 얻었습니다. 2014년부터 대구과학고에서 시작된 1인 1책쓰기는 이번의 공동시집을 시작으로 하여 일기, 자서전, 과학 소설 등 다양한 분야의 과학자 작가를 탄생하게 하는 계기가 될 것입니다. 이 책이 나오게 되기까지 많은 관심과 지원을 아끼지 않으신 대구광역시 교육청과 대구과학고의 교장, 교감 선생님, 흔쾌히 출판을 허락해 주시고 예쁜 시집으로 탄생하게 해 주신 만인사에도 깊은 감사를 드립니다.

 초여름의 신록이 짙어가는 오월, 대구과학고등학교 학생들이 펴낸 첫 시집에 담긴 과학자의 상상력과 청소년의 감성을 함께 나누는 시간이 되시기를 바랍니다.

영재학교 대구과학고등학교
책쓰기 지도교사 김소연

차례

| 책을 펴내며 |
과학적 창의력과 상상력의 시 / 김소연 4

■ 권용희
네가 참 고맙다

물체 1 ──────── 11
물체 2 ──────── 12
물체 3 ──────── 15
물체 4 ──────── 16
물체 5 ──────── 17
물체 6 ──────── 18
물체 7 ──────── 19
물체 8 ──────── 20
물체 9 ──────── 22
물체 10 ──────── 23

■ 이동관
누나방 모기

우리나라에서 학생으로 산다는 것이 ──────── 27
우산 ──────── 28

차례

새 이야기 ——————— 30
물의 여행 ——————— 32
누나방 모기 ——————— 34
잔디 이야기 ——————— 36
시험 ——————— 37
시냇가 ——————— 38
자전거 라이더 ——————— 40
길을 잃었다 ——————— 42

■ 신지원
너와 나 사이

와이파이 ——————— 47
도서실 ——————— 48
기상송 ——————— 50
엘리베이터 만원 ——————— 51
아침 점호 ——————— 52
컵라면 망함 ——————— 54
페이스북 ——————— 56
중간고사 ——————— 57
수행평가 ——————— 58
정석 ——————— 60

차례

■ 이성민
대곽에 뜨는 별

레고 ——————— 65
현금인출기와 9층 할머니 ——————— 66
오성제 ——————— 67
테라 ——————— 68
TO 콜라 ——————— 69
아빠와 아들 ——————— 70
할머니의 짝사랑 ——————— 72
대곽에 뜨는 별 ——————— 74
축복의 근원 ——————— 75
내 동생 ——————— 76

네가 참 고맙다

권용희

시작 메모

　우리는 현대사회에서 문명이 만들어낸 많은 물건들을 사용하며 살아가고 있다. 그 중에는 일상에서 너무나도 당연하게 사용되지만, 사람들이 그 물건의 가치를 잘 몰라주는 것들도 많이 있다.
　나는 10개의 물건에 대한 짧은 시들을 썼다. 시를 모두 읽는데 많은 시간이 필요하지 않다. 학교 가는 버스 안에서, 직장으로의 지하철에서 심심할 때마다 이 책을 꺼내 읽어보라. 세상에는 감사할 것이 참 많다는 것을 느꼈으면 한다.

물체 1

우리가 먹다 버린 것들
주워다 먹어 버리는 너

우리 책상은 깨끗해지고
네 배는 더러워지는구나

네가 참
고맙다

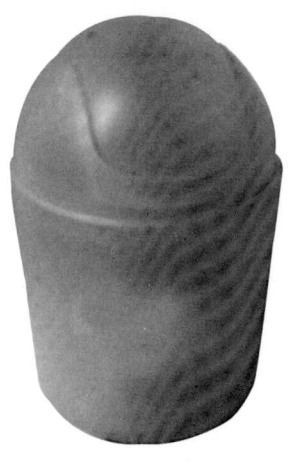

물체 2

다보탑이 운다
새 단장도 했는데
다들 너무 한다고
혼자 색깔 달라서
무시하는 거냐고

물체 3

축 처져 있구나
그렇게 힘드니?
괜찮다 푹 쉬어
네 몸을 더럽혀
깨끗이 해주어

참 고맙다

물체 4

내 못난 손톱을 깎아줘
더 예뻐지게
네 이빨로 대신 뜯어줘
참 고맙구나

물체 5

할아버지가 넘어지지 않도록
잘 받쳐줘
할머니의 다리가 불편하니
잘 받쳐줘

네가 참
고맙다

물체 6

누가 상상이나 했겠어요?
내가 물을 담을지
누가 신경이나 쓰겠어요?
이렇게 많이 버려지는지

물체 7

벌레를 막아줘
바람은 통과해
갇힌 느낌이라도
밖은 보여 좋구나

물체 8

항상 둘이 붙어 가지런히 있다가
가끔 문을 나서 여행을 떠나곤 해
아장아장부터 뚜벅뚜벅까지
언제나 내 작은 두 발을 감싸주어

참 고맙다

물체 9

우리 사는 이 곳
그림 그려 놨네

내가 여기 있네
저기 가고 싶어

우리 세상 보며
재잘 재잘 재잘

물체 10

쓱싹쓱싹 문지르면
보란듯이 깨끗해져
내 실수 말끔히 덮어줘

참 고맙다

끝맺으며

　시 쓰는 것은 생각보다 재미있었다. 가벼운 노트를 항상 들고 다니면서 시의 주제거리가 떠오를 때마다 간단한 메모를 하였다. 시간이 날 때면 메모들을 다시 읽어보면서 어떤 시를 쓸 수 있을지 깨작거려도 보고, 완성된 시를 만들어 보기도 하였다. 이제 막 시를 써보기 시작한 나로서는 시를 즉석에서 지어내기보다는 충분한 시간을 가지고 여러 번 퇴고해보는 것이 중요했다. 초보 시인이다 보니 사실 이 책을 읽는 독자들의 수준에 걸맞지 못한 작품일 수도 있겠지만 각고의 노력을 다해 만든 시라는 것만큼은 알아줬으면 좋겠다는 작은 소망이 있다.
　아무튼 이번 책 쓰기는 정말 좋은 경험이었다.

누나방 모기

이동관

시작 메모

　나는 이 시집을 그때 그 시절의 '눈 위 발자국들'이라 말하고 싶다. 나의 일상생활을, 스쳐 간 생각을 기념하기 위해 쓴 시들이 '첫눈 위 발자국'이라 한다면, 내가 좋아하는 가수와 노래를 통한 즐거움을 꾹꾹 눌러 담은 것들은 '함박눈 위 발자국'일 것이다. 첫눈 위 발자국이 되었든, 함박눈 위 발자국이 되었든 언제 누구에 의해 치워질지, 혹은 어떤 눈꽃에 의해 가려질지 모르는 것들이었다. 그러나 이들은 지금, 이 조그마한 글귀들을 통해 가려지지 않게 되었다.
　이 시의 문학적 가치가 어떠하든, 의미의 깊이가 어떠하든 내 생각의 발자취를 그대로 보존해 남겨두었다는 것에서 큰 기쁨을 느낀다. 비록 시작은 국어 수행평가였지만, 이 시를 쓰면서 지구과학 시간에 배운 물의 순환('물의 여행'), 짝사랑하던 사람('우산')을 떠올리며 첫 눈 위 발자국을 찍을 수 있었다. 어디 그뿐인가. 학교를 나갔다가 길을 잃고('길을 잃었다')를 쓰고, 내가 제일 좋아하는 밴드 '버즈'('부르르')를 생각하며 함박눈 위 발자국도 만끽할 수 있었다.

우리나라에서 학생으로 산다는 것이

잠에
질량이 있다면

아마
매우 클 것이다.

아니면

이렇게
관성이 클 리가 없다.

우산

혼자 사용하면
젖지 않는다.

둘이 사용하면
팔이 젖는다.

셋이 사용하면
많이 젖는다.

너는 나 혼자만
사랑하고 싶다.

이동관 29

새 이야기

웃지 못하는 새가 한 마리 있었다.
하루는 그 새는 새를 한 마리 보았다.
새의 눈동자에서 눈(雪)을 보았다. 아니 거울을 보았다.

그 새는 나에게 웃는 법을 알려주었다.
미소를 알려주었다.
웃을 땐 입꼬리가 올라가야 한다고

울지 못하는 새가 한 마리 있었다.
하루는 그 새는 새를 한 마리 보았다.
새의 몸에서 그는 보름달을 보았다. 아니 거울을 보았다.

그 새는 나에게 우는 법을 알려주었다.
눈물을 알려주었다.
울 땐 눈이 촉촉해져야 한다고

웃지 못하는 새는 차를 보았다.
울지 못하는 새는 매연을 보았다.
웃지 못하는 새는 별을 보았다.
울지 못하는 새는 나무를 보았다.

웃지 못하는 새는 눈(雪)을 보았다.
울지 못하는 새는 보름달을 보았다.
웃지 못하는 새는 보름달을 보았다.
울지 못하는 새는 눈(雪)을 보았다.

울지 못하는 새는 배웠다.
아픔을 공감하기 때문에 우는 것이라고
자신의 아픔을 모두 뱉어내기 위해 우는 것이라고

웃지 못하는 새는 배웠다.
행복을 공감하기 때문에 웃는 것이라고
자신의 행복을 공유하기 위해 웃는 것이라고

또 다른 새가 있었다.
그 새는 말했다.
참 착한 새가
아니 착해진 새가
숲을 바꾸어 놓는 모습을

물의 여행

나는 여행을 떠났어.
보따리라곤 소리 하나 짊어지고
자신도 모르는 어딘가로부터 나와
계획 없는 먼 길을 떠났어.

막상 처음 나가는 세상에

뿌옇게 흐리게 섞이고
긴 철관에 길도 잃어 보고
큰 댐에 갇혀도 보고

자전거 부식시키고
지나가던 할머니 넘어뜨리고
꼬마의 새 옷도 적셨지

근데 나 말야
무지개도 만들어 보고
하늘도 날아보고
스쿠버 다이빙도 해보고
눈 되어 고드름 안에서

그녀랑 손도 잡았었지.

원래 우리 인생이 다 이렇지 뭐.
기다리면 무지개 하나쯤 만들 텐데
성급하게 못 기다릴 건 뭐야?

지금은 황금빛 보리, 나를 찾는 개구리
물이나 줄까?

물은 여행을 갈 거야.
보따리라곤 소리 하나 짊어지고
이전에 다녀온 길 다시 나가는 건지도 잊은 채

가장 큰 무지개 만들기를 소망하며
닥쳐 올 고난 두려워 않고
여행을 갈 거야.

누나방 모기

웬만해선 잡히지도
않고

살충제에 잘 죽지도
않는

자연선택을 받았다고

우쭐대는 잽싼 너와

여자 대 여자로
전투를 벌이기 위해

누나는 4만원이라는
거금을 들였더란다.

없어진 줄
알았더니

자식까지 데려온 너

자연선택은
권력이 아니다.

이
모기들아.

잔디 이야기

잔디는
초록색 진초록색

쓰러져도
다시 일어나는 초록색

쓰러지는 게
중요한 게 아니라던 너의 초록색

다시 일어나는 게
중요한 거라는 너의 진초록색

나는 수만 번도 넘어져 봤는걸?
꿋꿋하게 일어서있는

나의 진진초록색
잔디 이야기

시험

체념한 듯 그러나 집착스럽게
하나밖에 없는
무기를, 총을 든다.
하얗거나 회색배경에
검은 총알을
규칙적으로, 전술적으로
난사, 난사, 난사……
대승을 거두고자
아니면 살고자
아니면, 패하지는 않기 위해
상대의 전술을
몇 달 동안 분석해 왔는가
그래 우리는 또 시험을 치고 있다.

시냇가

시물물물물물물물물물물시
냇물물물졸졸졸졸졸졸물물물냇
가졸졸졸졸졸졸졸졸졸졸가
시물물물물물물물물물물시
냇물물물졸졸졸졸졸물물물냇
가졸졸졸졸졸졸졸졸졸졸가
시영롱한청푸른빛시냇가에서시
냇손걷고발걷고졸졸졸풍덩냇
가따스한8월온기몸에두르고가
시거침없이행군한다나는물개시
냇이끼밟고휘청돌밟고휘청휘청냇
가멀리보는엄마마음만콩닥닥가
시배고프지와서뭐좀먹어라시
냇들은체도안하며물을뿌린다냇
가너랑나랑고기잡자미소방긋가
시그렇게뜨거웠던화사했던8월시
냇미소짓는아기웃음받고푸르르냇
가행복한물은더욱푸르러진다가
시내가너를안을수있는8월이라시
냇푸르르졸졸푸르르르졸졸냇
가졸졸졸푸르르졸졸졸푸르르가
시내년에또올게손가락걸고시
냇푸르르르졸졸푸르르르졸졸냇
가졸졸졸푸르르졸졸졸푸르르가
시물물물물물물물물물물시
냇물물졸졸졸졸졸물물물냇
가졸졸졸졸졸졸졸졸졸졸가
시물물물물물물물물물물시
냇물물졸졸졸졸졸졸물물물냇
가졸졸졸졸졸졸졸졸졸졸가

자전거 라이더

기숙학교에 온다고
내 자전거를, 자랑이를
아파트 앞 자전거 보관대에
두고 왔다.

자랑이는 친구가 생겼어요.
오랜만에 보는 많은 친구들에
자랑이는 반가웠어요. 친구들도 착했지요.

친구들이 물었어요.
요즈음 너의 주인이 안 보이는구나?

아 내 주인은 멀리 기숙학교에 갔나 봐.
그래도 다음 방학 때는 나를 찾아줄 거야.

한 친구가 말했어요.
내 주인은 매일 아침 나를 타고 학교에 가.
조금 힘들긴 하지만 자전거도 자주 타지 않으면
녹슬게 되는데 어떡하니?

그러자 고참 선배께서 말했어요.
나…… 아직은 쓸 만한데 벌써 몇 년째
주인 얼굴을 보지 못했어.
그냥 방치되고 있으니 녹은 슬고 바람은 빠지고……
안장, 바퀴 이렇게 쓸 만한 부분이라도 재활용되었으면 좋겠어.

자전거를 좀 편하게 쓸 수 있는 세상이 오면 찾으러 오지 않을까요?

바퀴 빠진 자전거가 말했어요.
아니야. 자전거를 사면 꾸준히 관리해야 한다는 사실을 알아야 해.
안 그러면 이렇게 고철 덩어리가 될 뿐이야.

자전거들이 말했어요.
너는 너의 주인이 다음 방학 때 찾아주기만을 바래야 겠구나.

자전거 보관대에 놓인 방치된 자전거들을 보면
이 자전거들이 재활용되는 것이 낫지 않겠냐는 생각이 든다……

길을 잃었다

길을 잃었다.
길을 잃어 주위를 둘러 보았다.

아마 버스 정류장을 찾기 위함일 것.
주위에는 황량한 대지. 버스는 보이지 않는다.

걷는다. 걷는다. 걷는다.
버스정류장을 찾기 위해 맴돈다.
멀어지지 못한다.

아주머니를 만났다.
버스 정류장이 어디에요?
이리로 가면 돼.

버스 정류장을 찾았다.
내가 가고 싶은 곳으로는 가지 않는다.

한 아저씨를 만났다.
버스 정류장이 어디에요?
어디 가고 싶은데?

어디 가고 싶은데?

어
디
가
고
싶
은
데
?

내가 가고 싶은 곳은
버스 정류장이 아니었던 것

나는 내가 가고 싶은 곳으로 걷는다.

끝맺으며

시를 쓰기 전에는 기대감과 두려움이 공존하고 있었다. 나의 생각의 발자취를 작은 종이 뭉치에 남겨낸다는 사실에 흥분하고 있었고, 반면에 바쁜 학교생활에 시를 30편이나 쓸 수 있을까라는 걱정이 들었기 때문이다.

시를 쓰고 나서 보니 감회가 새롭다. 하루에 수행평가가 하나씩 있던 수행평가 기간에도 나는 (숨 쉴 틈 도   없   다)라는 시(제목은 「서술형 수행평가 기간」이다.)를 썼었고 그 시는 지금 내 기억 속에서 봄기운이 다가오는 지금, 추억이 되어 녹고 있다.

친구들과 내는 공통작이다 보니 나의 시 30편을 다 출판하기는 어려울 것 같다. 아마 (「서술형 수행평가 기간」)도 실리지 않을 것이다. 하지만 내가 남긴 발자국들이, 이런 큰 기회를 통해 시집으로 출판되어 너무 기쁘다. 헤헷.

이에 의미 있는 기회를 만들어주신 김소연 선생님, 그리고 책을 출판할 수 있도록 도움을 준 우리 학교 영재학교 대구과학고등학교와 대구광역시 교육청, 출판사 분들께도 감사드린다. 나의 시를 보고 칭찬을 아끼지 않고 격려해준 어머니께도 정말 감사드린다.

너와 나 사이

신지원

시작 메모

　이렇게 시를 쓰게 된 계기는 SNS 시인인 하상욱 시인의 시를 인상 깊게 읽고 난 후였다. 하상욱 시인의 시는 아주 간결하게 표현되어있지만, 이런 함축적인 내용으로도 모두가 그 내용에 공감할 수 있도록 구성되어 있다. 나는 학교를 소재로 이런 시들을 쓴다면, 나중에 오랜 시간이 지난 후에도 학교에서의 추억을 떠올릴 수 있을 것 같다는 생각이 들었다. 또 이렇게 시를 쓴다면 학교에 대해 재미있고 효과적으로 표현할 수 있을 것이라는 생각이 들어 시를 쓰기로 결심했다.
　이 시집은 주로 대구과학고등학교, 즉 우리 학교에서 일어나는 일들과 우리들의 일상을 소재로 하여 쓴 시들로 구성되어 있다. 학교에서 있었던 일 중 기억에 남을 정도로 재미있었던 일이나 싫었던 것들, 학교에서 주로 볼 수 있는 풍경들을 소재로 시집을 구성했다. 우리학교 학생이라면 잘 공감할 수 있는 소재를 주로 사용해 시를 썼다. 우리 학교 학생이 아니더라도 쉽게 공감할 수 있는 시집이 되길 바라며, 즐겁게 읽었으면 좋겠다.

못난
내 휴대폰 대신

애꿎은
너만 탓하네

―와이파이

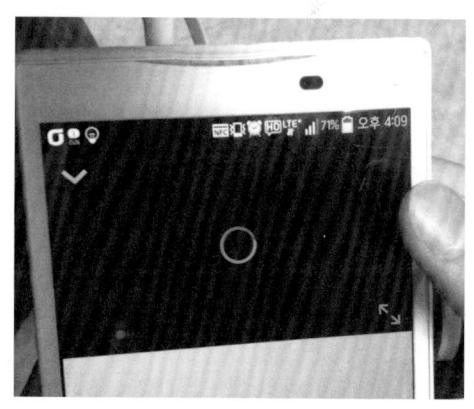

너,
내가 싫어한다고

너,
이렇게 막고 있기냐

―도서실

대곽(대구과학고의 줄임말)생활 꿀팁!
 대곽 본관의 3층에는 도서관이 있다. 그런데 한 쪽 문은 언제나 잠겨있어서 반대쪽으로 가려면 다른 층으로 올라갔다가 다시 내려와야 한다.

항상 똑같은
너의 그 소리들

나는 이제
싫어졌어

— 기상송

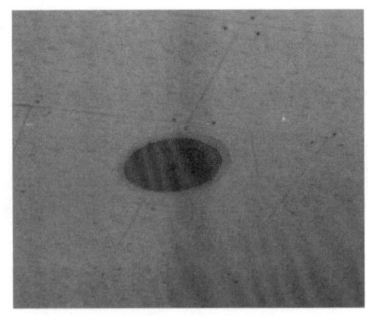

대곽생활 꿀팁!
　대곽의 기상시간인 6시 50분에는 어김없이 '팬××'의 '얼굴 ×××겠다'가 나온다. 심심할 때 이 노래를 틀어보면 대곽인들이 괴로워하는 모습을 볼 수 있다.

이미
많은 사람이 있는 너에게

나는
아무것도 아니겠지

―엘리베이터 만원

대곽생활 꿀팁!
  대곽 본관은 가장 높은 층이 7층이다. 2층에서 7층으로 올라가려는데 엘리베이터가 만원이라면…….

아닐 리가
없다는 걸

알면서도
기대를 해

—아침 점호

대곽생활 꿀팁!
 대곽에서는 학생들의 건강을 위해 아침 6시 50분부터 약 20분간 아침운동을 한다. 그런데 비가 와서 운동장이 젖으면 아침운동을 안 해서 매일 비가 오기를 기다린다.

차가움이 느껴지는
이 온도에

따뜻한 한 모금이나마
바라던 나는

―컵라면 망함

대곽생활 꿀팁!
 기숙사에서 매일 급식만 먹다보면 안 먹던 라면도 먹고 싶어진다(물론 모범적인 대곽인은 학교에서 라면을 먹지 않는다).

공부하다
숙제하다

나도 몰래
어느 샌가

—페이스북

너는 계속
다가오지만

너와 나 사이
밀당이 필요해

—중간고사

오늘 하나
끝났는데

내일도 모레도
여전히 그대로

─수행평가

대곽생활 꿀팁!
 중간고사와 기말고사 사이의 한 달은 대부분의 수행평가가 몰려있는 기간이다. 이 기간에는 3층과 4층에 있는 인터넷룸에 자리가 거의 남지 않는다.

같은 듯 다른 듯
비슷하게 생겨서는

하는 짓도 다 똑같이
날 괴롭히네

―정석

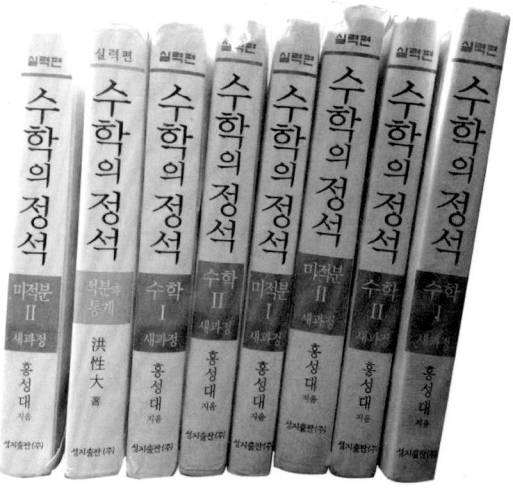

끝맺으며

 우선 이렇게 시를 완성하게 되어서 뿌듯했다. 이 계기를 통해 이런 종류의 시를 써보게 되어서 좋은 경험이었다고 생각한다. 또 시를 쓰면서 다시 우리 학교에 대해서 깊게 생각해 볼 수 있었던 것 같다. 이 시는 내가 학교에서 지내면서 느낀 것들, 기억에 남는 것들을 주제로 쓴 것이지만, 다른 고등학생들이나 기숙사에서 생활하는 사람들도 함께 이 시를 읽으며 공감할 수 있으면 좋을 것 같다.

 시를 쓰는 것이 생각보다 많은 시간이 걸리고 주제에 대해 많은 생각을 해야 한다는 것을 알게 되었다. 시가 예전 교과서에서만 보던 진지한 형식이 아니라 재치있고 공유할 수 있는 것이 될 수 있다는 것도 느꼈다. 나중에 이 시집을 다시 보았을 때 추억을 떠올릴 수 있으면 좋을 것 같다. 시를 쓰는 데 도움을 준 친구들, 이렇게 시집을 내도록 도와주신 김소연 선생님, 그리고 지금까지 부족한 글 읽어주신 분들께 감사의 말을 전하고 싶다.

대곽에 뜨는 별

이성민

시작 메모

어릴 때 비가 오면, 비옷 입고, 장화 신고, 우산까지 쓰고, 완전무장을 하고 나갔다.

웅덩이에 퐁퐁 떨어지는 빗소리가 피아노 소리보다 좋았고 양철지붕 같은 곳에 후두둑 떨어지는 빗소리는 드럼 소리보다 좋았다. 완전무장을 하지 않은 날에 갑자기 투다닥 떨어지는 빗소리도 좋았다. 교문 앞에 다다르면 우산을 들고 서 계실 엄마를 보게 될 거라는 믿음 때문에……

행복한 순간은 늘 우리 곁에 있다. 사라지지도 않는다. 다만, 우리가 잊고 지내다 시간이 흐른 뒤에 깨닫게 된다. 내가 쓴 시를 읽는 누군가도 잊고 있었던 행복한 순간들을 떠올릴 수 있다면 좋겠다.

레고

나는 어렸을 때, 블록을 통해 새로운 세상을 만나게 해주는
레고 회사 CEO를 천재라고 생각했다.
크리스마스 선물로 받은 '해리 포터 호그와트 성'을 만들면서
더욱 더 그런 생각을 했다.
나선형 계단이 있는 덤블도어 교수의 사무실과
원작과 똑같은 그리핀도르 기숙사 방을 보면서
만든 이의 섬세함에 감탄했고,
열쇠와 열쇠구멍까지 있는 보물함의
치밀함에 즐거워 했다.
나에게 무한 상상력을 선물했던 레고는
내 어린 시절의 행복이 고스란히 담겨 있는 보물창고이다.

현금인출기와 9층 할머니

우리 아파트 9층에는 혼자 사시는 할머니가 계신다.
어느 날 슈퍼를 가려는데 할머니께서 출입문 앞에 서 계셨다.
"오늘 꼭 노인정에 회비를 내야 하는데 현금 인출기에서
나대신 돈 좀 찾아 줄 수 있니?"라고 하셨다.
나는 할머니께서 알려주시는 비밀번호로 돈을 찾아 드렸다.
미안하고 고맙다고 하시며
"아들이 주말에 오면 일주일 쓸 돈을 찾아주고 가는데, 이번 주는
바빠서 못 와서 그렇다."고 하셨다.
왠지 마음이 짠했다.
나는 집으로 돌아와
현금 인출기에서 돈을 찾는 방법을 순서대로 종이에 적었다.
그리고 할머니댁 우편함에 넣어 놨다.
우리 할머니가 처음 스마트폰을 사시고
SNS에 사진 올리는 법을 모르셨을 때,
나는 똑같은 방법으로 종이에 적어드렸다.
9층 할머니께서도 내가 쓴 친절한 현금 인출기
사용 설명서를 보시면,
아들을 기다리지 않고도 혼자서 돈을 찾으실 수 있을 것이다.
지금은 SNS 꾸미기의 1인자가 되신
우리 할머니처럼

오성제

내가 졸업한 오성 중학교에는
10월에 체육대회와 축제가 열린다.
각 반 리그전을 통해 최종 두 팀을 선발하여
체육대회 때 전교생이 보는 가운데에 축구 결승전이 열린다.
나의 현란한 골잡이로 최종 우승컵은 우리 반에게 돌아갔고,
그리하여 내 골키퍼 인생에서 최고로 빛났던 순간이
오성제에 간직되어 있다.
오성제에는 어머니들께서 만들어 주셨던
먹거리의 맛있는 냄새도 묻어있고,
알뜰 장터에서 열심히 물건을 팔아
장학금에 기부했던 착한 기억도 담겨 있다.
그래서 지나간 것은 다 그리움이라 하는가 보다.

테라

내 동생이 세 살, 내가 여섯 살 때
큰 이모가 입양한 강아지를 우리 집에 데려 왔다.
사람의 머릿결 보다 더 윤기 나고, 더 잘 빗겨진 검은 털과
아래로 축 쳐진 커다란 귀를 가진 강아지였다.
생후 6개월이 되었다고 하는데 3살인 내 동생보다
내 말을 더 잘 들었다.
동생의 장난감 공을 던져주면 한 번도 싫다 하지 않고 잘 물어왔다.
그 이후로 '테라'라는 그 강아지는
우리 외가 식구들의 사랑을 독차지했다.

지금 내 동생이 열네 살, 내가 열일곱 살
큰 이모가 엉엉 울고 있다.
큰 이모가 자식처럼 키우던 테라가 하늘나라로 간 것이다.
엄마도 엉엉 울고 있다.
엄마는 테라 때문에 울고 있는 큰 이모가 안쓰러워 우는 것이다.
아마 할머니도, 작은 이모도, 막내이모도 똑같은
마음으로 울고 있을 것이다.
우리가 인연을 맺었던 누군가와 헤어진다는 것은
너무나 가슴 아픈 일이다.
그 상대가 사람이거나 동물이거나 상관없이…….

TO 콜라

S라인 몸매에 빨간 모자를 쓴
너의 또 다른
매력을 찾아보려 한다.
가끔씩 화를 참지 못하고,
거품을 뿜으며 거칠게 폭발하는 너이지만,
소위 잘 나간다는 연예인들은 모두 너와
사진을 찍고 싶어 하는구나!
우리는 엄마 눈을 피해 조심히 너를 만났지만
너는 검은 속내를 드러내며
당당히 맨 앞줄에 서 있더구나!
내가 뽑은 너의 최고 매력은
너의 DNA를 의심하는
사람들에게
너는…
결코 복제를 허용하지 않았다는 것이다.

아빠와 아들

어릴 때 주위 분들께 많이 듣던 소리,
"아빠랑 붕어빵이네."
못 들은 척 하시던 아빠 얼굴엔 행복한 미소가 번지고
그렇게 많이 닮았냐고 한 번 더
확인하시는 할머니는 즐거워하시네.
열 달 동안 태교한다고 애쓴 나는 뭐냐고
나랑 닮은 구석은 하나도 없느냐고
엄마는
서운해하시네.

이성민

할머니의 짝사랑

손주 사랑이라면 대한민국에서 손꼽힐 정도이신 분.
나란히 길을 걸을 때도 앞을 보지 않으시고, 내 얼굴을 보고 걸으시는 분.
첫 손주의 이름을 작명소에서 두 번이나 정성껏 지어오신 분.
내가 탕국을 제일 잘 먹는다는 것도,
내가 그 어떤 생선도 먹지 않는다는 것도,
내가 아빠 닮아서 밥 먹을 때 물을 많이 마신다는 것도,
모두 다 꿰뚫고 계신 분.
나를 위한 묵주기도로 하루를 시작하시는 분.
할아버지 산소에 절을 하는 내 등 뒤에서
"할아버지가 하늘나라에서 우리 성민이 건강하고
공부 열심히 하게 도와 주이소"라고
나지막이 속삭이시는 분.
할머니! 이제 짝사랑은 그만 하세요.
지금부턴 제가 할머니께 무한 사랑으로 보답할게요.
그러니 건강하게 오래오래 제 곁에 계셔야 됩니다..
제 아이들에게도 할머니의 짝사랑은 필요합니다.

대곽에 뜨는 별

어릴 땐 다양한 이야기를 들려주는 동화책에 열중했고,
중학교 땐 축구의 매력에 열광했고,
대곽의 별이 되고자 들어 온 이곳에선 일탈에 취해있다.
내가 무모한 계획을 세우느라 바쁠 때
부모님과 주위 분들은 지쳐가고
내 꿈도 사라져 간다.
'사람 한 평생 산다는 건, 종이우산을 한 번 접었다 펴는 것'이라고
김지하 시인은 한탄했다.
그렇다.
메마르고 건조한 가슴으로 후회되는 삶이 되지 않도록
이제부터 먹먹한 가슴은 풀어버리자.
하루하루 헛되이 살면서 내가 나에게 주는 상처를,
감사의 기도로 채워보자.
자! 지금부터 다시 시작이다.

그리고
잊지 말자! 나는 우리 엄마의 자부심이다.

축복의 근원

우리 성당의 여러 신부님께서
강론시간에 좋은 말씀을 많이 해 주셨다.
그 중 가장 기억에 남는 말씀은
"여러분, 언제 어디에서나 축복의 근원이 되십시오."
라고 하신 스테파노 신부님의 말씀이다.
얼마 전까지 나와 축구를 했던,
밝은 미소가 매력적이라고 생각했던,
언제까지나 신학생으로 우리 곁에 남아있을 것만 같았던 그 형이,
멋진 신부님이 되어 드리는 첫 미사 때 하셨던 말씀이다.

미사 참례 동안, 꾸역꾸역 목까지 차올랐던 표현할 수 없는 그 뜨거움을,
내가 처음으로 누군가를 위해 간절히 기도했던 그 순간을,
나는 평생 잊을 수가 없을 것 같다.

"스테파노 신부님!
신부님은 언제 어디에서나 축복의 근원이십니다."

내 동생

너의 우상이 누구냐고 물으면
조금의 망설임 없이 '우리 형아'라고 말하는 내 동생
항상 나에게 놀림을 당해도
'우리 형아'가 제일 좋다는 내 동생
누가 형이고 동생인지 모르겠다고
하시는 엄마의 말씀처럼
나보다 이해심도 많은 내 동생
점점 늘어나는 배 둘레로
마시멜로우가 되어가는 너지만,
형아도 네가 진짜 좋다.
짜식! 공부 열심히 하고 있어라.
너도 형아처럼
대한민국의 미래가 되어야지.

끝맺으며

  시는 '하고 싶은 말을 내 방식대로 채워가는 자유'가 있어서 좋았습니다.
  시를 쓰면서 일상생활 속에서 일어나는 일, 또 그 속에서 느껴지는 작은 마음 나누기를 통해 가족의 소중함과 고마움을 깨우치게 되었습니다.
  부족한 시를 칭찬해 주시고 이렇게 보람된 일로 남겨주신 국어선생님의 배려에 진심으로 감사드립니다.

애꿎은 너만 탓하네

초판 인쇄 2015년 5월 15일
초판 발행 2015년 5월 20일

엮은이 / 김 소 연
펴낸이 / 박 진 환

펴낸 곳 / 만인사
출판등록 / 1996년 4월 20일 제03-01-306호
주소 / 700-813 대구광역시 중구 명륜로 116
전화 / (053)422-0550
팩스 / (053)426-9543
전자우편 / maninsa@hanmail.net
홈페이지 / www.maninsa.co.kr

ISBN 978-89-6349-079-3 03810

값 15,000원

* 이 책의 내용의 전부나 일부를 사용하려면 반드시 저작권자나 만인사 양측의 동의를 받아야 합니다.
* 이 도서의 국립중앙도서관 출판시도서목록(CIP)은 서지정보유통지원시스템 홈페이지(http://seoji.nl.go.kr)와 국가자료공동목록시스템(http://www.nl.go.kr/kolisnet)에서 이용하실 수 있습니다(CIP제어번호 : CIP2015013324).